LA THÉORIE
DE LA
CONTINUITÉ DU VOYAGE

APPLIQUÉE

A LA CONTREBANDE DE GUERRE ET AUX BLOCUS

Mise en Contraste avec la Déclaration de Paris de 1856

PAR

SIR TRAVERS TWISS, Q.C.

Docteur en droit civil, Membre de l'Institut de droit international
Président de la Conférence de Brême en 1876.
&c., &c., &c.

MÉMOIRE

LU DEVANT

L'ASSOCIATION POUR LA RÉFORME ET LA CODIFICATION
DU DROIT DES GENS

A la Conférence d'Anvers de 1877.

PARIS

AMYOT, LIBRAIRE-ÉDITEUR

6, RUE DE SEINE, 6.

1877

In the interest of creating a more extensive selection of rare historical book reprints, we have chosen to reproduce this title even though it may possibly have occasional imperfections such as missing and blurred pages, missing text, poor pictures, markings, dark backgrounds and other reproduction issues beyond our control. Because this work is culturally important, we have made it available as a part of our commitment to protecting, preserving and promoting the world's literature. Thank you for your understanding.

LA THÉORIE
DE LA
CONTINUITÉ DU VOYAGE

APPLIQUÉE

A LA CONTREBANDE DE GUERRE ET AUX BLOCUS

MISE EN CONTRASTE

AVEC LA DÉCLARATION DE PARIS DE 1856.

Un des hommes d'Etat les plus illustres de notre siècle a fait observer qu'il avait tâché vainement de constater d'une façon précise comment et à quelle époque l'usage de l'expression « les grandes puissances » s'est introduit dans la diplomatie moderne, et jusqu'à quel point on en doit regretter l'emploi habituel; car c'est ce qui a donné cours à l'idée que plus un Etat est puissant, plus il est libre de régler les obligations de la société internationale d'après sa propre manière d'envisager la justice et la convenance. Depuis que l'illustre homme d'Etat (1) auquel je fais allusion a quitté la scène élevée de la vie publique, où il a joué un rôle si influent, un quart de siècle s'est à peine écoulé, et pendant ce temps de grands changements se sont opérés en Europe. L'Italie, par exemple, ayant réuni ses différentes parties en un Etat compacte, a pris place dans les conseils des grandes puissances, et la Porte ottomane a été formellement admise au sein de l'heptarchie européenne, faisant à sa suite entrer dans le concert européen du droit public les habitants de portions considérables de l'Asie et de l'Afrique.

Ç'a été une sage précaution de la part des signataires du traité de Paris de 1856, lorsqu'ils ont exprimé le désir que les Etats entre lesquels surgirait quelque malentendu sérieux devraient, avant d'en appeler aux armes, avoir recours, autant

---

(1) Le feu prince de Metternich.

que les circonstances le permettraient, aux bons offices d'une puissance amie, de désavouer toute intention de porter atteinte à l'indépendance des autres Etats. Dans le même esprit qu'elles avaient exprimé ce vœu, inspiré par le désir de rechercher, pour nous servir du langage du plénipotentiaire anglais (1), tous les moyens de nature à prévenir le retour des calamités de la guerre, ils ont rédigé une déclaration ayant pour but d'alléger les entraves que l'explosion de la guerre entre deux ou plusieurs nations impose au commerce des neutres, — entraves qui tendent évidemment à devenir de plus en plus onéreuses à mesure que croît la liberté du commerce international en temps de paix, ainsi qu'en raison de l'extension probable du théâtre des opérations dans les guerres à venir par suite de l'incorporation d'un si grand nombre des petits Etats dans les grands. Mais, en faisant cette déclaration, les puissances européennes représentées à Paris en 1856 n'ont point revendiqué une supériorité de droit, mais seulement exercé une priorité d'action. Cependant, persuadées que leurs résolutions avaient en vue les intérêts de l'humanité, elles se sont engagées à les porter à la connaissance des Etats qui n'avaient pas pris part à leurs délibérations, et à les inviter à adhérer à la déclaration qui en était l'expression. Plus de quarante Etats de l'Europe et de l'Amérique ont en termes formels notifié leur adhésion à cette déclaration. L'Espagne est la seule des puissances européennes qui ait élevé des objections contre la résolution qui abolit les lettres de marque, tandis que le gouvernement des Etats-Unis d'Amérique a exprimé le désir de pousser les choses plus loin et d'exempter de la saisie en haute mer par les belligérants de toute propriété privée n'ayant pas caractère de contrebande de guerre.

Un fait digne d'attention, et signalé comme tel dans un rapport présenté par un des plus éminents jurisconsultes américains à son gouvernement en 1866 (2), c'est que, « tandis que le département politique du gouvernement américain », pour nous servir des termes mêmes du rapport, « s'appliquait, au commencement du siècle actuel, à combattre les interprétations

---

(1) Feu le comte de Clarendon.
(2) Opinion de l'Hon. Caleb Cushing, procureur général des Etats-Unis, adressée au secrétaire de la Trésorerie, M. Mac Culloch, le 11 avril 1866.

forcées ou exagérées que donnaient du droit de la guerre maritime les tribunaux et les publicistes de l'Angleterre, bon nombre de ces interprétations et des plus critiquables étaient une à une introduites dans la jurisprudence des Etats-Unis par le département judiciaire du gouvernement, sous l'empire d'une tendance à exagérer les droits de prise dans l'intérêt des capteurs. » Un vieux proverbe dit que ceux qui habitent des maisons de verre font bien de ne pas jeter des pierres chez leurs voisins ; or il messiérait à un jurisconsulte anglais de ne pas reconnaître que les tribunaux de prises des Etats-Unis, au commencement de ce siècle, étaient amplement justifiés d'appliquer, par réciprocité, les règles rigoureuses que lord Stowell avait appliquées au commerce des neutres pendant les guerres de la Révolution française, et qui étaient des traditions des guerres du siècle précédent. Mais dans notre siècle prévalent des influences civilisatrices, inconnues à une époque moins avancée, et dans les délibérations des tribunaux de prises anglais a pénétré un certain esprit d'équité, dû à la généreuse initiative de feu lord Kingsdown, président de la Cour d'appel du conseil privé d'Angleterre pendant la guerre de Crimée, esprit qui, nous l'espérons, inspirera également nos frères d'au delà l'Atlantique. Je puis parler avec expérience de l'équité observée par le conseil privé d'Angleterre à l'égard des neutres pendant la guerre de Crimée ; car j'ai été le conseil des ayants droit neutres dans toutes les causes, sauf une, en appel devant le conseil privé, et je n'ai eu des motifs de mécontentement qu'à propos d'une seule décision—et cela par rapport plutôt à une question de procédure qu'au fond même du jugement.

Les tribunaux de prises des Etats belligérants sont, il faut l'avouer, au point de vue de leurs relations avec les neutres, des anomalies dans la jurisprudence de nos jours; car ce sont de fait des tribunaux d'inquisition, où l'Etat belligérant impose au commerçant neutre la charge de fournir des preuves suffisantes pour établir son droit d'exemption de saisie. Leur procédure n'est vraiment pas sans analogie avec la procédure de droit ordinaire, que suivaient les tribunaux de juridiction criminelle à l'époque de la première organisation de la juridiction de l'Amirauté en matière de prises. Dans le principe, l'amiral d'une flotte de croiseurs belligérants décidait sommairement, sur l'inspection des papiers du bord et l'interrogatoire des personnes trouvées sur le navire saisi, si le bâtiment avec son chargement devait être confisqué comme prise, ou si l'on devait lui laisser continuer son voyage. Le tribunal de prises de nos jours diffère peu du pont du navire amiral. Il est vrai qu'en Angleterre et aux Etats-Unis on observe les formes judiciaires plus strictement que sur le continent européen, où les questions de prises se traitent plutôt comme affaires d'administration; mais s'il faut reconnaître que les formes judiciaires offrent aux neutres *prima facie* plus de garantie que leur propriété ne sera confisquée qu'autant qu'ils auront manifestement violé le droit des gens, ces mêmes formes judiciaires peuvent servir à voiler l'exercice d'une manière oppressive du droit de belligérant, si les juges ne comprennent pas le danger de laisser la méthode de leur droit municipal s'insinuer dans l'enquête sur un sujet qui n'est pas régi par des lois locales. Je ne suis pas de ceux qui pensent que des commissions mixtes de prises maritimes, siégeant dans les pays de l'un et de l'autre belligérant, seraient, en raison de la diversité des nationalités de leurs membres, préférables à des tribunaux belligérants constitués comme ils le sont aujourd'hui selon la pratique de la Grande-Bretagne et des Etats-Unis. La magistrature de ces deux pays est au-dessus des influences entraînantes d'un patriotisme outré; mais pour des juges instruits à l'école de la jurisprudence municipale comme ceux de la Grande-Bretagne et des Etats-Unis, où ils sont appelés fréquemment à appliquer à des circonstances nouvelles les principes d'un droit traditionnel, il est quelquefois difficile de résister à l'habitude, contractée par leur esprit, de raisonner par analogie, de laisser invoquer même des fictions de droit, et de faire tomber ainsi un cas nouveau sous le coup de quelque précédent admis (1). Ce serait là une pratique pleine de dangers pour les neutres, si elle était généralement accueillie par les tribunaux de prises dans les cas où les

---

(1) Ainsi Albéric Gentilis, plaidant la cause d'un ayant droit espagnol devant le tribunal de prises anglais, sous le règne de la reine Elisabeth, fait observer que la jurisprudence de l'Angleterre résidait en grande partie dans le sein des juges, de sorte qu'on ne pouvait compter que les puissances étrangères se soumissent à leurs conclusions. « *Etiam in scrinio pectoris nostrorum judicum esse multum anglici juris dicitur, ubi non se patientur concludi exteriores reges.* Hispanicæ advocationes. (L. I. ch. 8.) »

traditions du droit des belligérants pèsent peu dans la balance. Lord Stowell a fait justement observer que le droit international repose sur des principes généraux, mais que l'usage et la pratique des nations sont intervenus dans l'application de ses principes, et ont, dans plus d'un cas, fait dévier le droit de ces bases ayant ce caractère : « L'expression, ajoute-t-il, dont Grotius se sert en pareilles occasions, *placuit gentibus*, est, dans mon opinion, parfaitement correcte, parce qu'elle indique qu'il y a une pratique des nations et un usage, auxquels nous devons maintenant nous conformer (1) »

Ce serait une erreur que de considérer la juridiction des tribunaux de prises simplement comme des créations de droit municipal, si ce n'est en ce qui regarde la constitution de leurs membres. D'après le droit des gens maritime accepté universellement de temps immémorial, il existe une méthode fixe de déterminer si une saisie faite par un croiseur belligérant est ou n'est pas prise légitime de guerre. A la vérité, l'obligation du capteur d'amener ses prises dans le port pour faire procéder à une enquête et les faire juger est fondée sur les instructions qu'il a reçues du gouvernement qui l'a autorisé à opérer des saisies. D'autre part, l'obligation, dans laquelle se trouvent tous les gouvernements, de requérir leurs croiseurs d'amener leurs prises dans le port pour être jugées devant un tribunal de prises compétent repose sur le droit général des gens. Toutefois, cette obligation, suivant le droit commun des gens, existe seulement à l'égard des bâtiments navigant sous pavillon neutre; et dans ces cas l'enquête a pour but de constater si la propriété saisie appartient à un neutre ou à un ennemi, et, si elle appartient à un sujet d'une puissance neutre, de la relaxer, à moins que le propriétaire n'ait encouru la déchéance de son titre à la restitution par une conduite incompatible avec le caractère de neutre. La preuve de sa conduite comme neutre, telle qu'elle est exigée par le tribunal de prises, devient ainsi une question d'une importance vitale pour le propriétaire du navire et du chargement, et la règle établie depuis longtemps par les tribunaux de prises, savoir : que la preuve doit provenir, en première instance, du bord même du navire, dans l'état où il a été pris, n'est pas *per se*

---

(1) The *Henrich and Alida*, 4, Ch. Robinson, p. 54.

(en soi) une règle dénuée d'équité. « C'est des papiers de bord et de l'interrogatoire, sous serment, du capitaine et des principaux officiers du navire saisi, que doivent provenir en première instance les témoignages de nature à motiver un acquittement ou une condamnation avec ou sans dépens et dommages. » Tel est le langage de sir William Scott et de sir John Nicholl dans la lettre célèbre qu'ils ont adressée à Son Excellence John Jay, ministre des Etats-Unis d'Amérique à la cour de Saint-James en 1794, et dans laquelle, sur la demande du gouvernement américain, ils ont exposé la règle immémoriale des tribunaux de prises anglais. (1.) La note bien connue du juge Story, annexée au premier volume des rapports (américains) de Wheaton a la même portée. « C'est, dit le juge Story, sur les papiers de bord et les témoignages des gens du navire, ainsi pris et transmis, que la cause doit, en première instance, s'instruire et se juger. Ce n'est pas une simple affaire de pratique et de forme; cela est de l'essence même de l'application de la législation sur les prises, et c'est une grande erreur que d'admettre la mise en vigueur des idées du droit commun relatives à l'administration des preuves dans des procédures qui n'ont aucune analogie avec celles suivies conformément au droit commun. » Il dit encore ailleurs: « Selon la législation sur les prises, les preuves sur lesquelles doit se baser l'acquittement ou la condamnation doivent, dans le principe, être fournies par les papiers et l'équipage du bâtiment saisi. Les capteurs, à moins de circonstances particulières, n'ont pas le droit de produire des preuves extrinsèques. » Telle est aussi la règle des tribunaux de prises anglais, et je ne connais aucun cas où l'on se soit écarté de la règle pendant la guerre de Crimée.

Les règlements français concernant les prises limitent non moins péremptoirement les preuves de première instance aux papiers et aux personnes trouvés à bord du navire saisi. S'il ressort des preuves ainsi recueillies que la propriété saisie est propriété ennemie, la question tombe d'elle-même, *cadit quæstio*,

---

(1) La lettre en question contenait un extrait d'un rapport présenté à la Couronne, en 1753, par sir George Lee, alors juge de la Cour de la Prérogative, le docteur Paul, avocat général de Sa Majesté, sir Dudley Ryder, *attorney* général de S. M.; et M. Murray (plus tard, lord Mansfield), *solicitor* général de Sa Majesté.

à moins que le bâtiment ne soit protégé par une autorisation du gouvernement du capteur ou de son allié. Mais dans le cas où la cause paraît douteuse d'après l'examen des papiers originaux et l'interrogatoire des officiers et des autres personnes trouvées à bord du navire saisi, le tribunal de prises peut, à son gré, accorder aux ayants droit le temps de suppléer à l'insuffisance de cette première enquête par la production de nouveaux témoignages. Mais cette production de nouvelles preuves n'est en aucun cas matière de droit; elle dépend du pouvoir discrétionnaire du tribunal; et dans les cas où un supplément de preuves est nécessaire pour dissiper des doutes, et où le tribunal ne l'accorde pas, quoique les ayants droit sollicitent cette faveur, les conséquences pénales sont aussi funestes que si la propriété était hostile d'origine, puisqu'une condamnation est la suite certaine du refus. C'est ici, je pense, qu'il y a lieu aujourd'hui de montrer plus d'équité envers les neutres en matière de supplément de preuves, et c'est une question bien digne des sérieuses méditations des gouvernements que celle de savoir si dans tous les cas douteux devant les tribunaux de prises, au lieu que la production de preuves supplémentaires soit une concession gracieuse des juges, l'ayant droit ne devrait pas être autorisé de plein droit à produire de nouvelles preuves après l'audition de première instance, sauf, toutefois, la faculté maintenue au tribunal d'exiger caution pour les frais. J'excepte naturellement les cas où il y a eu méfait réel de la part de l'ayant droit. Je puis dire par expérience qu'une telle modification dans la pratique des tribunaux de prises diminuerait considérablement l'odieux qui, dans l'état actuel des choses, s'attache au caractère inquisitorial des procédures. Il n'y a eu qu'un cas, comme je l'ai déjà fait remarquer, où j'ai regretté la décision de la Cour d'appel anglaise en matière de prises pendant la guerre de Crimée, et c'était un cas où la Cour refusa de permettre à un sujet autrichien de produire un supplément de preuves à l'appui de sa revendication de la propriété d'un navire qui naviguait sous pavillon autrichien, mais que les capteurs prétendaient être une propriété russe. Je ne pus convaincre le représentant du gouvernement autrichien à Londres qu'un tribunal de prises anglais avait agi en toute justice en refusant absolument de laisser l'ayant droit produire de plus amples preuves, qui, selon l'assurance qu'en avait donnée celui-ci à son gouvernement, auraient démontré clairement son droit et suppléé à ce qu'il y avait de défectueux dans les papiers de bord du navire. La conscience du tribunal de prises anglais a pu être pleinement satisfaite, vu les circonstances de cette affaire particulière, lorsqu'il a condamné le navire comme propriété ennemie; mais il eût été préférable de prouver aussi, d'une façon satisfaisante pour le discernement du gouvernement d'une puissance amie, que son sujet n'avait pas été empêché par une règle juridique du tribunal de prises de produire des preuves qui, ainsi qu'il le prétendait, auraient dissipé tous les doutes sur la bonne foi de sa revendication.

Le but avoué des puissances qui ont pris part à la rédaction de la déclaration de Paris de 1856 a été d'établir l'uniformité de doctrine au sujet des droits et des devoirs respectifs des belligérants et des neutres, afin d'éviter toute diversité de pratique de nature à engendrer de sérieuses difficultés et même des conflits entre eux; mais la déclaration de Paris, comme acte public, ne sera guère qu'un piége pour les neutres, si un mode uniforme de décision — *ratio decidendi* — n'est observé par les tribunaux de prises relativement à l'interprétation à donner aux termes « contrebande de guerre » et « blocus effectifs ». Le terme « contrebande de guerre », par exemple, a dernièrement reçu dans les tribunaux de prises des Etats-Unis une interprétation, dans un sens défavorable aux neutres, plus large que celle qu'il avait reçue dans les tribunaux de prises européens à l'époque de la rédaction de la déclaration de Paris; cependant ce terme donne en quelque sorte la mesure de la liberté assurée au commerce neutre par le second et le troisième article de cette déclaration; et ce n'est pas trop s'avancer que de dire que, si la nouvelle interprétation récemment donnée au terme « contrebande de guerre » par la Cour suprême des Etats-Unis dans le cas du *Bermuda* (3, Wallace's Reports, p. 515) était adoptée par les tribunaux de prises de la moitié des puissances qui ont adhéré à la déclaration de Paris, cette déclaration, comme acte public, ne serait guère qu'un papier diplomatique de rebut, ou aggraverait les difficultés et les conflits entre les belligérants et les neutres, qu'elle était destinée à diminuer ou à prévenir.

Nous trouvons dans un des principaux journaux anglais (*Times*, 15 juin 1877) cette judicieuse observation : « que le droit international doit être la substance d'un sens commun plus parfait que toutes les autres lois, puisqu'il n'existe point de pouvoir suprême pour le faire respecter, et que ses problèmes d'une nature variable ne peuvent jamais être résolus que par un appel au jugement ou au sentiment de l'humanité. » C'est donc un des premiers devoirs des tribunaux appelés à administrer le droit des gens que de répudier les fictions de toute sorte, attendu qu'elles choquent autant le sens commun que le vide répugne à la nature. C'est l'objection qu'on peut élever, par exemple, contre la théorie dite de « la continuité du voyage », récemment appliquée au transport de la contrebande de guerre et aux violations par interprétation des blocus ; puisque par une fiction de droit plusieurs voyages successifs ont été assimilés à un voyage unique, tandis qu'on a infligé à des voyages entre deux ports neutres les conséquences pénales de voyages entre un port neutre et un port ennemi. De cette nouvelle phase de la continuité du voyage on peut dire que le tribunal de prises belligérant s'est avancé sur une pente dangereuse, au bas de laquelle il peut lui être difficile de ne pas se laisser entraîner et d'empêcher alors que le belligérant ne soumette le commerce des nations neutres à des exigences d'une étendue inconnue auparavant et à peine supportables pour leurs intérêts ou leur amour-propre.

« La règle ainsi établie » — pour me servir du langage d'un jurisconsulte américain distingué (1) — « donne aux croiseurs et aux tribunaux de prises à l'égard du commerce entre les ports neutres interdits un pouvoir d'ingérence plus large et plus arbitraire qu'ils n'en possèdent à l'égard du commerce entre les ports neutres et les ports belligérants. »

La *fiction* de la continuité du voyage, — car c'est ainsi que j'ose l'appeler, — en tant qu'appliquée à la contrebande de guerre et à la violation des blocus, n'est pas tout à fait une invention moderne. C'est une nouvelle greffe entée sur un vieux tronc, pourri aujourd'hui ; car les circonstances dans lesquelles Lord Stowell a introduit la théorie, comme on l'a nommée, de « la continuité du voyage », sont passées pour ne jamais revenir, pas plus que l'enfance des colonies transatlantiques, de la

---

(1) L'Hon. William Maxwell Evarts, aujourd'hui secrétaire d'Etat des États-Unis d'Amérique.

vie desquelles de tels voyages étaient les accidents. Le tronc primitif sur lequel a été greffée la théorie de Lord Stowell était connu, dans le langage des tribunaux de prises anglais, sous le nom de « Règle de la guerre de 1756 », — règle d'après laquelle était considérée comme incompatible avec la neutralité l'entremise du sujet d'un Etat neutre en temps de guerre dans un commerce entre un Etat belligérant et ses colonies, lorsque les lois de l'Etat belligérant défendaient au neutre de prendre part à ce commerce en temps de paix. « A vrai dire, le commerce », — pour employer le langage du même jurisconsulte américain que je viens de citer, — « entre les Etats de l'Europe et leurs colonies d'outre-mer n'était pas, pendant le siècle dernier ni au commencement du siècle actuel, ouvert à la navigation des autres nations. Lors donc que, poussé par les nécessités de la guerre, un de ces Etats venait à ouvrir aux neutres le commerce colonial prohibé, la puissance hostile refusait de le reconnaître comme un commerce neutre licite. Au contraire, on le qualifiait de secours à l'ennemi sous forme d'aide prêtée à son commerce, que la guerre avait paralysé, et l'adversaire belligérant capturait et condamnait les navires et les chargements du neutre comme ceux d'un ennemi. » «Comme plus tard, cependant,» — c'est le même éminent jurisconsulte américain qui parle encore, — « le commerce entre les colonies et l'Etat neutre, et les Etats neutres et les Etats européens était incontestablement ouvert au neutre, on essaya un commerce sous la forme apparente d'importations de Cuba, par exemple, à Boston, et de Boston en Espagne, puis de chargements en retour par l'entremise d'un port neutre. Cette combinaison fut dénoncée, et ce commerce attaqué par le belligérant. La question pour les tribunaux de prises était de savoir si l'importation dans un port neutre intermédiaire et l'exportation hors du même port étaient réellement des actes du commerce propre et conséquemment licite des neutres, ou s'il s'agissait réellement d'un commerce entre la colonie et la métropole, et si l'entremise du port neutre n'était qu'une supercherie. » Ce fut pour atteindre cette nouvelle forme d'aventure tentée par les neutres afin d'aider le commerce d'un ennemi, et pour empêcher l'importation dans les ports de la mère patrie des produits des colonies d'un ennemi ou *vice versâ* par une voie de transport licite en apparence, mais mensongère en réalité, que Lord Stowell prit sur lui d'inventer la théorie, comme on l'a nommée, de « la continuité du voyage », en l'enveloppant d'un langage qui a permis aux tribunaux de prises des Etats-Unis de l'appliquer d'une façon plausible à une catégorie très-différente de cas. Car, tandis que le but de Lord Stowell était d'empêcher les neutres de se livrer à un commerce irrégulier, destiné à venir en aide à l'ennemi, et qu'il avait soin de ne jamais condamner le neutre que si le caractère hostile de l'aventure était établi d'une façon concluante par la saisie du chargement dans le cours de son voyage ultérieur pour se rendre au port ennemi, les tribunaux de prises des Etats-Unis, dans les cas plus récents dont je vais parler, se sont montrés plus rigoureux à l'égard des neutres que ne l'avait jamais été Lord Stowell ; ils ont, en effet, condamné la propriété neutre, pendant qu'elle se rendait *de facto* d'un port neutre à un autre, et dans des cas où un voyage ultérieur pour se rendre à un port ennemi n'était que matière à conjecture. Le corps de délit dans les cas soumis à Lord Stowell était incontestable ; dans les cas jugés par les Américains, le corps du délit était une présomption du tribunal de prises.

La guerre qui désole aujourd'hui l'Orient donne, à l'heure qu'il est, un intérêt particulier aux questions qui touchent aux droits du commerce neutre ; et si des changements sérieux ont été opérés dans l'application du droit concernant la contrebande et les blocus, il convient aux commerçants neutres de chercher à connaître ces changements, et aux gouvernements neutres de décider s'ils y donneront, oui ou non, leur acquiescement.

Avant la dernière guerre de l'Amérique du Nord, qu'on peut aujourd'hui nommer à juste titre la rébellion du Sud, on admettait généralement que si un port neutre était la destination de bonne foi d'un *navire neutre* et le terme désigné du voyage dans le cours duquel il était saisi, ni le navire ni son chargement, si le chargement était aussi propriété neutre, ne pouvaient être légitimement condamnés par un tribunal de belligérant comme bonne prise de guerre ; et qu'un tribunal de prises n'avait pas à s'enquérir quelle était la destination éventuelle du chargement après qu'il avait été débarqué du navire au port d'arrivée. La pratique suivie jusqu'à ce jour à ce sujet par la Grande-Bretagne a été clairement exposée par sir Edward Creasy, ancien premier juge à Ceylan, dans son

« Premier plan de droit international (*First platform of international law*) » (1), que je cite ici non pas tant parce que c'est un manuel admirable de droit international, mais parce que c'est un des traités les plus récents écrits en Angleterre sur cette matière. « Le sujet de la preuve de la destination hostile des marchandises de contrebande », dit-il, « est hérissé de difficultés considérables ; et les questions qu'il soulève paraissent susceptibles de se multiplier dans les guerres à venir ». Les règles générales qui régissent la matière sont posées comme il suit dans le « Manuel du droit concernant les prises maritimes », publié par l'Amirauté anglaise (2).

[a] La destination d'un navire doit être considérée comme neutre, si le port où il va et tous les ports intermédiaires où il doit relâcher dans le cours de son voyage sont neutres.

(b) La destination d'un navire doit être considérée comme hostile, si le port où il va ou tout autre point intermédiaire où il doit relâcher dans le cours de son voyage sont hostiles, ou bien si [dans le cours [de son voyage il doit rejoindre la flotte de l'ennemi en mer. Il arrive fréquemment que la destination d'un navire est annoncée dans ses papiers comme devant dépendre des éventualités. En pareil cas, la destination doit être présumée hostile, si quelqu'un des ports où une de ces éventualités peut le déterminer à toucher ou à se rendre est hostile ; mais cette présomption peut être repoussée en établissant la preuve évidente que son capitaine a définitivement abandonné une destination hostile pour en atteindre une neutre.

[c] *La destination du navire est concluante en ce qui regarde la destination des marchandises à bord.* — Si donc la destination du navire est hostile, la destination des marchandises à bord doit être aussi considérée comme hostile, quoiqu'il ressorte des papiers ou d'autres témoignages que les marchandises mêmes n'ont pas pour destination un port hostile, mais qu'elles sont destinées à être transportées au delà à un port neutre ultérieur. D'autre part, si la destination du navire est neutre, la destination des marchandises à bord doit être considérée comme neutre, quoiqu'il ressorte des papiers ou d'autres témoignages que les marchandises mêmes ont une desti-

---

(1) John van Voorst, Londres. 1876. (2) Batterworths, Londres, 1866.

nation hostile ultérieure, qu'elles doivent atteindre au moyen d'un transbordement, d'un transport par terre ou autrement. »

« La partie de ces règles », dit sir Edward Creasy, « qui considère que la destination des marchandises à bord d'un navire s'établit d'une façon concluante par la destination du navire, est d'accord avec la doctrine suivie jusqu'à ce jour par les tribunaux anglais; elle est aussi, je pense, conforme à l'opinion générale partagée autrefois par la grande majorité des jurisconsultes à ce sujet. Mais elle est en désaccord avec un grand nombre de décisions américaines récentes, et il est presque certain qu'elle sera contestée par des belligérants puissants dans les guerres à venir. Selon la doctrine adoptée aujourd'hui par plusieurs hautes autorités et appliquée à diverses reprises par les tribunaux des Etats-Unis, les articles de contrebande de guerre que le belligérant peut prouver être destinés à l'usage de ses ennemis sont de bonne prise, quoique le navire sur lequel on les trouve soit destiné à les transporter seulement dans quelque port neutre, toutes les fois qu'elles doivent être conduites par un autre moyen de transport à leur destination finale, qui est hostile. »

On peut citer comme le cas le plus important en la matière celui du *Bermuda* (3, Wallace, p. 314) (1), dans lequel les subtilités de la nouvelle doctrine ont été habilement exposées par l'ancien premier juge de la Cour suprême.

Les tribunaux de prises des Etats-Unis ont en outre enté la théorie de la continuité du voyage sur l'ancienne législation des blocus. La Grande-Bretagne et les Etats-Unis ont, relativement aux violations des blocus, observé contre les neutres une règle plus rigoureuse que celle que les puissances continentales de l'Europe ont jugé nécessaire de suivre. Les puissances continentales ont coutume, pour la plupart, d'avertir tout navire neutre qui s'approche de la ligne du blocus, et de ne saisir que ceux qui tentent de franchir la ligne du blocus après en avoir reçu l'avertissement. D'un autre côté, la Grande-Bretagne et les Etats-Unis d'Amérique ont exécuté dans toute sa rigueur la règle établie par les Etats généraux des Provinces-

---

(1) Le cas du *Bermuda*, vapeur de grande vitesse, et qui avait deux fois rompu les blocus, n'avait rien de commun avec celui du *Springbok*, si ce n'est l'application nouvelle de la théorie de « la continuité du voyage ».

Unies en 1603, laquelle porte qu'un navire qui fait voile réellement pour un port bloqué dans l'intention de rompre le blocus peut être légitimement saisi à n'importe quel point de son voyage, et que ce navire peut être confisqué avec son chargement comme étant de bonne prise (1). Cependant, suivant de récentes décisions des tribunaux de prises américains, un chargement neutre, quoiqu'il soit prouvé que le navire à bord duquel se trouve le chargement se rend dans un port neutre et que le capitaine n'a nulle intention de tenter de rompre le blocus, peut être condamné pour rupture de blocus, s'il y a des raisons de soupçonner que le chargement, après avoir été débarqué dans le port de destination du navire, sera rechargé à bord de quelque autre navire, à la suite d'une vente ou d'une autre transaction, et transporté à quelque port ennemi qui est sous blocus. On peut citer l'affaire du *Springbok* et de son chargement (5, Wallace, p. 1), comme renfermant l'exposé le plus clair de cette nouvelle théorie, qui a pris les jurisconsultes européens par surprise et inspiré cette remarque au savant professeur Bluntschli, d'Heidelberg : « Si cette manière de voir venait à l'emporter dans la pratique, le commerce neutre serait bien plus menacé que par le blocus sur papier (2). » La législation du blocus paraîtrait ainsi avoir reçu dans les tribunaux des

---

(1) Dans la cause d'Yeaton contre Fry (5, Cranch, 335), les tribunaux américains ont partagé la doctrine des tribunaux de prises anglais ; car ils ont jugé qu'il y avait violation de blocus à naviguer de Tabago à Curaçao, sachant ce dernier port bloqué ; et, suivant l'opinion de M. le juge Story, dans l'affaire de la *Néréide* (9, Cranch, 416), l'acte de mettre à la voile avec intention de rompre un blocus est une infraction suffisante pour autoriser la confiscation. *Commentaires de Kent*, I, p. 150. Mais la pratique plus récente des Etats-Unis, selon M. Seward, secrétaire d'Etat américain, a été de notifier le blocus individuellement à chaque navire qui s'approche du port bloqué, et d'inscrire sur les papiers du navire une note rappelant que cette notification a été faite. D'après cette pratique, aucun navire n'était passible de saisie, qui n'avait pas été averti individuellement. Le fait de la présence de navires bloquants pour donner l'avertissement était la meilleure notification et la meilleure preuve que le port était bloqué réellement et d'une manière effective. (Voir la dépêche de Lord Lyons à Lord Russell, datée du 2 mai 1861, publiée dans le « *Récit historique de la neutralité de la Grande-Bretagne pendant la guerre civile d'Amérique* », par M. Mountague Bernard ; Londres, 1870, p. 228.)

(2) *Le Droit international codifié*, 2ᵉ édition ; Paris, § 358.

Etats-Unis, de pair, je puis dire, avec la législation de la contrebande, un développement qui imposera au commerce neutre des restrictions d'un caractère plus onéreux que celles qu'il a subies jusqu'à présent, et cela à une époque où les puissances européennes s'appliquent d'un commun accord à alléger les charges que les lois de la guerre maritime font peser sur le commerce neutre.

Il importe aussi aux intérêts des neutres d'appeler leur attention sur un point très-dangereux à signaler dans le cas du *Springbok*, relativement à la procédure en matière de prises. J'ai osé faire entendre que la civilisation de notre époque demande qu'on accorde à l'ayant droit neutre dans les tribunaux de prises belligérants des moyens de défense plus étendus qu'il n'a le droit d'en réclamer suivant les règles de l'ancienne procédure en matière de prises.

Le cas du *Springbok*, s'il doit faire généralement autorité dans les tribunaux de prises, est, j'ai le regret de le dire, contraire à ma proposition ; il en est, en effet, absolument le contraire ; mais je ne désespère pas que, pour cette raison, il attire l'attention sur le sujet de la procédure en matière de prises et en provoque indirectement la réforme. « Jusqu'ici », pour mentionner le langage du juge Story, déjà cité à propos d'une autre question, « les procédures en matière de prises ont consisté à instruire la cause en première instance d'après les témoignages provenant du navire et à ne permettre en aucun cas aux capteurs d'invoquer des témoignages venant d'ailleurs, *aliunde*, à moins qu'on n'ait accordé aux ayants droit de fournir un supplément de preuves. » Mais, dans le cas du *Springbok*, on a laissé les capteurs invoquer des documents à la première audition, malgré l'opposition du conseil des ayants droit, et ces documents ont fait partie des preuves sur lesquelles le tribunal s'est fondé pour faire valoir contre les ayants droit le soupçon d'un voyage ultérieur du chargement vers un port ennemi. Il est à craindre que la Cour suprême des Etats-Unis, en traitant cette manière de procéder sans précédent de simple irrégularité de la part des capteurs, tandis qu'elle puisait dans des preuves extrinsèques ainsi admises ses conclusions défavorables contre les ayants droit, n'ait favorisé une innovation des moins équitables dans la procédure en matière de prises. A l'appui de cette observation, je puis citer les paroles de l'éminent jurisconsulte que j'ai déjà nommé (1) et qui a rédigé le *bref* des ayants droit dans l'affaire du chargement du *Springbok*, présenté en 1873 à la commission mixte chargée de statuer sur les réclamations anglaises et américaines, en vertu du traité de Washington de 1871. « Or, à la première audition en matières de prises, l'avocat des capteurs (et non l'avocat des États-Unis représentant le gouvernement) a invoqué des papiers empruntés à l'affaire du *Stephen Hart* pour les englober dans les preuves primaires propres à faire condamner le *Springbok* et son chargement. Malgré les protestations bien fondées de l'avocat des ayants droit, ces preuves ont été admises et elles ont contribué à fortifier le jugement de condamnation que le tribunal a prononcé, sans donner aux ayants droit l'occasion de produire, de leur côté, un supplément de preuves. »

« En présence de ce mode de procéder sans précédent, que la Cour suprême condamne comme irrégulier et en désaccord avec les règles de procédure en matière de prises, la Cour du dernier ressort n'hésite pas néanmoins à déduire de ces preuves extrinsèques ses soupçons et ses conclusions condamnatoires. »

« A la vérité, il faut reconnaître, à ce qu'il nous semble, que la Cour suprême s'est entièrement méprise sur la question de principe, sur laquelle nous avons appelé l'attention, relative à la procédure en matière de prises, qu'elle l'a traitée d'irrégularité de *forme* de laquelle il n'avait résulté aucun préjudice, et qu'elle est allée jusqu'à condamner la propriété, sans accorder aux ayants droit l'occasion de produire un supplément de preuves. »

« Ce procès et cette condamnation étaient donc sans précédent et renversaient les principes de la juridiction en matière de prises ; les ayants droit ont été privés de leur propriété par des procédés inconnus au droit des gens et non acceptés par les puissances neutres. »

L'attention des jurisconsultes européens ne paraît pas avoir été appelée sur cette partie de la cause du *Springbok* et de son chargement autant que sur la *ratio decidendi*, c'est-à-dire la théorie de « la continuité du voyage ». Si cependant la Cour suprême des Etats-Unis a pu être autorisée à juger que, comme

---

(1) L'Hon. William Maxwell Evarts, aujourd'hui secrétaire d'État des États-Unis d'Amérique.

Cour d'appel, elle ne pouvait refuser de prendre connaissance des documents invoqués devant le tribunal inférieur comme faisant partie des témoignages déposés devant elle, il semble que des considérations d'équité à l'égard des ayants droit neutres conseillaient de leur laisser produire un supplément de preuves en temps opportun ; je dis : en temps opportun, car ce n'est qu'après que la Cour suprême eût rejeté les raisons mises en avant par le tribunal inférieur pour condamner et le navire et le chargement, que ceux qui réclamaient la propriété du chargement auraient pu convenablement être admis à produire de nouvelles preuves, sans enfreindre les règles établies de la procédure en matière de prises.

Un exposé succinct des faits de la cause fera mieux comprendre cette partie de ma thèse. Le *Springbok* était une barque anglaise, expédiée de Londres à destination de Nassau, île de la Nouvelle-Providence, du groupe des Bahamas, possession anglaise. Il partit le 2 décembre 1862 de Londres avec un chargement mixte, dont une partie insignifiante avait le caractère de contrebande de guerre. Il était frété pour Nassau, et sa charte-partie figurait parmi les papiers de bord. Le 3 février 1863, se trouvant par 25° 35′ de latitude nord et 73° 40′ longitude ouest, et marchant droit vers Nassau, éloigné alors d'environ 150 milles, il fut capturé par le navire de guerre des Etats-Unis *Sonoma*, et envoyé à New-York à la charge d'un équipage de prises. Il fut aussitôt inscrit à la Cour de district de New-York sous la qualification de prise légitime de guerre, et le navire et le chargement furent condamnés comme étant de bonne prise. Le juge de la Cour de district exposa en ces termes les motifs de cette condamnation :

« Que le dit navire, au moment de sa capture en mer, était sciemment chargé en tout ou en partie d'articles de contrebande de guerre, avec intention de livrer ces articles à l'aide et à l'usage de l'ennemi ; que la destination réelle du dit navire et du chargement n'était pas Nassau, port neutre, ni l'objet véritable de faire du trafic et du commerce ; mais que cette destination était quelque port légitimement bloqué par les forces des Etats-Unis ; que l'intention du navire était de violer ce blocus ; et que de plus les papiers dudit navire étaient simulés et faux. »

Le juge Betts, qui présidait le tribunal de prises de district, n'a pas donné à cette époque de raisons justificatives de sa décision ; mais plus tard il a publié à l'appui un mémoire, qui figure dans les rapports de la Cour de district (américains) édités par Blatchford, p. 434.

Après ce jugement de la Cour de district, les ayants droit eussent perdu leur temps à demander l'autorisation de produire de nouvelles preuves ; car c'est une maxime admise dans la procédure en matière de prises : que la production d'un supplément de preuves n'est jamais accordée aux ayants droit dans les cas où le tribunal trouve qu'il a été fait usage de papiers frauduleux (1), ou qu'il y a une fausse indication de destination et qu'il existe de faux papiers (2). Donc, jusqu'à ce que les motifs du jugement de la Cour de district eussent été rejetés sur ce point : qu'il décidait qu'il y avait fausse destination et faux papiers, aucun *locus standi* ne s'offrait aux ayants droit à la propriété du navire ou de son chargement pour demander la production d'un supplément de preuves, et je doute qu'il existe un précédent de nature à autoriser les ayants droit à demander une nouvelle audition de droit sur nouvelles preuves devant la Cour d'appel elle-même, après que les objections juridiques à leur production d'un supplément de preuves ont été écartées par l'annulation d'une partie du jugement du tribunal inférieur, comme dans le cas dont nous parlons. Cependant il est hors de doute que la Cour suprême des Etats-Unis, après avoir prononcé un arrêt interlocutoire relaxant le navire, était libre de suspendre *motu suo* — de son chef — sa sentence définitive concernant le chargement, et de permettre à ses propriétaires de faire un supplément de preuves, s'ils en avaient l'intention. Au lieu de cela, la Cour suprême, par ce que j'ose qualifier d'erreur de sa part, a insisté, comme circonstance condamnatoire, sur ce qu'elle a appelé « le fait très-remarquable : qu'aucune demande n'avait été faite par les ayants droit d'autorisation à produire un supplément de preuves afin de fournir quelque explication au sujet des vices des papiers relatifs au chargement. » On peut faire observer que les papiers relatifs au chargement ne renfermaient pas de vices de nature à justifier, selon la jurisprudence établie en pareille matière, la condamnation du chargement. Les pro-

---

(1) Le juge Story cite le *Welvaart*, 1, Ch. Rob. 122 ; le *Juffrouw Elbrecht*, 2, Ch. Rob. 125.

(2) Le *Nancy*, 3, Ch. Rob. 122 ; Le *Mars*, 6, Ch. Rob. p. 79.

priétaires du navire et du chargement avaient en conséquence interjeté appel devant la Cour suprême, en se basant sur les témoignages qui avaient été présentés devant la Cour de district, et ils étaient justifiés à démontrer que ces témoignages n'appuyaient pas les conclusions du juge de la Cour de district, puisque la Cour suprême a trouvé que le navire était *bona fide* expédié de Londres à destination de Nassau, que ses papiers étaient en règle et tous vrais, et qu'on n'en avait caché ni détruit aucun. Sur cette preuve la Cour a ordonné la relaxation du navire, sans cependant ordonner celle du chargement.

Une telle conclusion au sujet du navire de la part de la Cour suprême aurait, eu égard à la jurisprudence ordinaire des tribunaux de prises européens et d'après l'ancienne pratique des tribunaux de prises des Etats-Unis, entraîné à la fois la libération du chargement neutre.

La jurisprudence suivie jusqu'à ce jour par les tribunaux de prises anglais est ainsi exposée par lord Stowell. « La règle qui régit la contrebande, comme je l'ai toujours comprise, c'est que les articles doivent être pris en flagrant délit, *in delicto*, dans le cours réel, actif du voyage vers le port ennemi » (1). Tel est aussi le point de vue sous lequel le gouvernement anglais envisageait, en 1863, ce qui constitue la contrebande de guerre, ainsi qu'on peut l'inférer des paroles prononcées par le feu comte Derby et par le comte Russell, alors secrétaire d'Etat pour les affaires étrangères, dans les débats qui eurent lieu à la Chambre des lords, le 18 mai 1863 (Hansard's reports) (2). Lord Derby dit : « Si un navire se rend *bonâ fide*

---

(1) L'*Imina.*, 3, Ch. Rob. p. 168.

(2) Pour justifier la saisie du *Springbok*, la Cour suprême a fait à deux fois allusion à la lettre écrite le 15 juillet 1862 par le comte Russell à certains négociants et armateurs de Liverpool : on assure que « Sa Seigneurie avait alors nettement informé les négociants de Liverpool, qui lui avaient adressé un mémoire à ce sujet, qu'il ne serait pas surpris que les croiseurs des Etats-Unis surveillassent d'un œil vigilant un port (Nassau) qui passait pour être le grand entrepôt de ce commerce ». Toutefois, dans la lettre dont il s'agit on ne trouve rien qui reconnaisse le droit des croiseurs américains de saisir un navire anglais dans le cours de son voyage d'Angleterre à Nassau. Le comte Russell admettait simplement le droit de ces croiseurs de saisir des navires se rendant de Nassau dans les ports bloqués. La lettre de lord Russell parle, en effet, de « navires expédiés d'Angleterre en

d'Angleterre à Nassau, quelle que soit la nature de son chargement, aucun croiseur américain n'a le droit de l'entraver ; peu importe quelles soient les intentions finales de ses propriétaires, quand même il serait entendu qu'il dût ultérieurement se rendre de Nassau dans les Etats confédérés et tâcher de rompre le blocus ; cela ne justifierait pas sa saisie par un croiseur américain avant son entrée dans le port de Nassau. J'espère que le noble comte (lord Russell) n'a fait au gouvernement américain aucune concession qui équivale à reconnaître que, dans les circonstances, ce gouvernement soit autorisé à entraver un navire se rendant d'un port neutre à un autre, quelques motifs de doute ou de suspicion puissent exister sur sa conduite ultérieure. »

Le comte Russell répondit : « Le noble comte (le comte Derby) m'a certainement mal compris, lorsqu'il a supposé que j'aie voulu dire qu'un navire allant à Nassau et ayant ensuite l'intention de faire un autre voyage pourrait être saisi pendant le premier trajet ; ce à quoi j'ai fait allusion est le cas d'une destination simulée d'un navire prétendant aller à Nassau, quand en réalité il est à destination d'un autre port. »

C'est dans le même sens que se prononce M. Wheaton, dont l'opinion jouit d'une très grande autorité tant en Europe qu'aux Etats-Unis. « La règle générale », dit-il, « relative aux articles de contrebande, telle qu'elle est posée par sir W. Scott, c'est que les articles doivent être pris en flagrant délit, *in delicto*, dans le cours actif du voyage vers le port ennemi. » — « Du moment que le navire quitte le port pour une destination hostile, dans le fait le délit est complet, et il n'est pas nécessaire d'attendre que les marchandises tentent positivement d'entrer dans le port ennemi ; mais hors de là, si les marchandises ne sont pas *in delicto* ni dans le cours actif d'un tel voyage illicite, c'est l'opinion générale aujourd'hui qu'elles n'encourent pas la pénalité (1). »

Amérique dans l'intention déterminée de rompre le blocus, ainsi que d'armes et de munitions portées aux Etats du Sud pour les mettre à même de continuer la guerre ; par contre, il condamne comme un procédé « vexatoire » la visite des navires marchands ne se livrant à aucune transaction à laquelle le gouvernement fédéral puisse trouver justement à redire. »

(1) Elements of international Law, p. 218. Londres, 1836.

Note. — L'empereur de Russie, dans une proclamation lancée au commen-

L'affaire, bien connue dans les Cours de New-York, de Seton contre Low, dans laquelle le chancelier Kent fut un des juges, a la même portée (1).

Ces anciens principes de la doctrine de la contrebande de guerre ont été abandonnés pour la première fois par les juges des tribunaux de prises américains dans le cas du *Bermuda*, déjà cité, dans lequel la Cour suprême arrêta : « Que cela ne faisait point de différence que la destination pour un port rebelle fût directe ou ultérieure, et que la question de la destination ne pouvait être affectée par le transbordement à Nassau, si ce transbordement était résolu, attendu qu'il ne pouvait interrompre la continuité du transport du chargement » (2). La Cour suprême, en cette occasion, paraît s'être fondée, en premier lieu, sur l'analogie avec le commerce clandestin que des citoyens américains tentèrent d'entreprendre avec les ports ennemis, lorsque les Etats-Unis étaient en guerre avec le Mexique, en 1855.

Dans ces cas-là cependant les marchandises étaient passibles de confiscation, non parce qu'elles constituaient de la contrebande de guerre aux termes du droit des gens, mais parce que c'est la règle du droit public qu'en temps de guerre les sujets d'un Etat belligérant ne puissent licitement faire de commerce d'aucune sorte avec l'Etat ennemi. Ces cas appartiennent à une catégorie, dont bon nombre ont été jugés par lord Stowell, et dont le *Jonge Pieter*, 4, Ch. Rob. 79, peut être cité comme un des plus importants. « Dans tous les cas », dit sir W. Scott, « qui se sont présentés sur cette question, — et ils sont nombreux, — il a été démontré clairement, de façon à ne plus laisser l'ombre d'un doute, qu'un sujet ne peut faire du commerce

---

cement de la guerre actuelle avec la Porte ottomane et publiée dans le *Journal de Saint-Pétersbourg* du 14-26 mai 1877, a déclaré son intention d'adhérer aux anciennes prescriptions de la législation sur la contrebande. Cette proclamation, après avoir énuméré les objets réputés être de contrebande, a ajouté : « Ces objets, lorsqu'ils sont trouvés à bord de navires neutres destinés à un port ennemi, peuvent être saisis et confisqués, sauf la quantité qui est nécessaire au navire sur lequel est opérée la saisie. » La proclamation est imprimée dans la *Revue de droit international*, 9ᵉ volume, p. 137 ; 1877, n° 1. Gand.

(1) Johnson's Cases in the Supreme Court of New-York from 1799 to 1803, vol. 1, p 1.

(2) Le *Bermuda*, 3, Wallace's Reports, p. 553.

avec l'ennemi sans l'autorisation spéciale du gouvernement. L'entremise d'un port antérieur ne fait point de différence. Tout commerce avec l'ennemi est illicite, et la circonstance que les marchandises doivent aller d'abord dans un port neutre ne le rend pas licite. » Mais de pareil cas, quelque décisive qu'en puisse être la valeur contre les sujets d'un État belligérant devant ses tribunaux, ne peuvent être d'aucun poids contre les sujets des autres États, qui en haute mer ne doivent nulle obéissance aux lois municipales de l'État belligérant. L'autre catégorie de cas auxquels la théorie de la continuité du voyage a été jusqu'à présent appliquée par les tribunaux de prises anglais, et auxquels nous avons déjà fait allusion, sont sans doute des cas du ressort du droit international, — cas dans lesquels le belligérant a revendiqué le droit de confisquer la propriété des neutres, parce que les neutres s'étaient entremis dans le commerce colonial ennemi. De plus, l'entremise dans ces cas ne résidait pas dans une simple conjecture; elle était réelle, et le voyage ultérieur, qui constituait le délit, était en cours d'exécution.

« Le même principe », — ainsi s'exprime le premier juge Chase dans l'affaire du *Bermuda*, — « est également applicable à l'acte de porter de la contrebande aux belligérants ; et le navire qui, du consentement de son propriétaire, est ainsi employé dans la première période d'un transport continu, est également passible de saisie et de confiscation, aussi bien que le navire qui est employé dans la dernière période, si l'emploi auquel ils ont servi est de nature à les en rendre passibles l'un ou l'autre. »

L'application de cette théorie de la continuité du voyage à la violation des blocus dans le cas postérieur du *Springbok* et de son chargement était simplement le corollaire de l'application de la nouvelle doctrine sur la contrebande de guerre. En effet, la Cour suprême, en rendant son jugement dans l'affaire du *Bermuda*, avait devancé l'application ultérieure de la doctrine aux violations de blocus. Cependant, dans le cas du *Bermuda*, elle a condamné et le navire et le chargement pour le motif que la destination primitive du *Bermuda* était un port bloqué (1).

D'autre part, dans le cas du *Springbok* et de son charge-

---

(1) Le *Bermuda*, 3 Wallace's, p. 558. La Cour a condamné le *Bermuda* et son chargement pour violation du blocus, ainsi que pour transport de contrebande de guerre.

— 25 —

ment, la Cour a relaxé le navire et condamné le chargement. Elle a relaxé le navire, parce qu'elle s'est convaincue qu'il n'allait pas plus loin que Nassau, port neutre ; elle a condamné le chargement, parce qu'elle ne doutait point que l'intention de ses propriétaires ne fût de le transborder à Nassau à destination de quelque port bloqué. Voici l'énoncé du jugement de la Cour : « En résumé, nous ne saurions douter que le chargement n'ait été dans le principe embarqué dans l'intention de violer le blocus ; que les propriétaires du chargement n'aient eu l'intention de le faire transborder à Nassau dans quelque navire plus propre que le *Springbok* à réussir à atteindre sans danger un port bloqué ; que le voyage de Londres au port bloqué n'ait, en ce qui concerne le chargement, tant au point de vue du droit que dans l'intention des parties, constitué un seul voyage, et que le chargement n'ait été, à partir du moment où il a mis à la voile, passible de condamnation dans le cas de saisie à quelque point que ce soit de ce voyage. » Le premier juge avait déjà, dans le cas du *Bermuda*, développé le principe à l'aide d'une métaphore quelque peu fantaisiste. « Des voyages successifs reliés par un plan et un but communs forment une unité composée de plusieurs facteurs. Ce sont les anneaux d'une même chaîne, se ressemblant tous quant à l'espèce les uns aux autres, et chacun faisant partie essentielle du tout continu. » Malheureusement pour l'application de la métaphore au cas du chargement du *Springbok*, le dernier anneau, essentiel pour former la chaîne, faisait absolument défaut, tandis que dans les cas anglais, auxquels la métaphore avait été empruntée, la chaîne était effectivement complète (1).

Considérons un moment la portée pratique de cette unification composite de voyages successifs, en tant qu'appliquée au transport du chargement. L'éminent jurisconsulte américain (2) qui a rédigé le *bref* des propriétaires du chargement du *Springbok* a discuté les conséquences possibles de la nouvelle ju-

---

(1) La *Maria*, 5, Ch. Rob, 365, et cas cités *ibidem* ; le *William*, 5, Ch. Rob. 385, et cas cités ibidem ; la *Thomyris Edward*, 17, sont tous des cas de chargements saisis après transbordement et dans le cours du voyage ultérieur pour se rendre au port ennemi.

(2) L'honorable William Maxwell Evarts.

risprudence au point de vue américain : « Nous sommes portés, dit-il, à penser que ces questions de continuité de voyage sont intéressantes, surtout pour la Grande-Bretagne avec ses possessions d'outre-mer, mais non pour un pays comme les Etats-Unis ou l'Italie, qui n'ont pas de semblables possessions. Mais les Etats-Unis, avec leur immense littoral sur l'Atlantique et le Pacifique, et l'Italie, située à mi-chemin entre le Levant et l'Atlantique, occupent tous les deux des positions qui rendent la question du plus grand intérêt pour eux.

» Tout le commerce de cabotage en étoffes et en grains entre les ports du Nord et ceux du Sud, et en coton entre New-York et la Nouvelle-Orléans, Savannah et Charleston, doit-il être exposé aux croiseurs français ou anglais dans une guerre entre la France et l'Angleterre, ou bien entre l'un de ces pays et le Mexique ou l'Amérique du Sud, parce que ces voyages domestiques entre des ports neutres de notre pays doivent avoir pour *supplément* des voyages ultérieurs de navires inconnus vers des ports belligérants inconnus ? Ces croiseurs doivent-ils visiter et conduire de l'autre côté de l'Atlantique, pour y être jugé, un navire chargé de coton, reconnu pour être expédié de la Nouvelle-Orléans à destination de New-York, parce que des négociants de New-York ne cessent d'expédier des chargements de coton en France ou en Angleterre, et qu'il est probable que le chargement intercepté pourrait avoir une destination ultérieure ? Est-ce que l'Italie, dans des guerres entre la France et l'Angleterre ou de l'un de ces pays ou de tous les deux contre la Russie, à propos de quelque question turque ou orientale (1), doit voir inquiéter son commerce neutre, parce qu'il est possible que les marchandises qui lui viennent du Levant entreprennent un nouveau voyage par le détroit de Gibraltar, et que celles qui lui viennent par ce détroit reçoivent une nouvelle destination au moyen d'un nouveau voyage vers le Bosphore, la mer Noire, l'entrepôt grec de Syra ou le canal de Suez ?

« Il faut avouer qu'il n'est pas de question plus importante que celle de la continuité du voyage, telle que nous la fait connaître le cas de la condamnation comme de bonne prise du chargement du *Springbok*, qui puisse affecter les intérêts ou l'amour-propre des Etats neutres maritimes. »

---

(1) Ceci était écrit en 1873.

On peut aussi imaginer un cas au point de vue anglais. Tout le monde sait que presque tout le salpêtre du commerce se ramasse au Bengale et s'embarque à Calcutta pour le port de Londres, et que Londres est de fait le grand entrepôt de salpêtre, où vont s'approvisionner toutes les nations de l'Europe, ainsi que celles de l'Amérique. En temps de paix générale, comme le frêt du salpêtre n'est pas d'un taux élevé, on le transporte en grande partie à bord de navires allant de Calcutta à Londres en doublant le Cap de Bonne-Espérance ; mais en temps de guerre il n'est pas déraisonnable de s'attendre à ce que le négociant du Bengale juge que cela vaille la peine d'envoyer son salpêtre de Calcutta à Londres à bord d'un vapeur anglais chargé d'autres marchandises par la route du canal de Suez. Un semblable commerce, se faisant entre des ports neutres, serait parfaitement légitime selon le droit des gens accepté jusqu'à présent ; mais, suivant la théorie nouvelle de la continuité du voyage, à l'époque actuelle, où la Russie et l'Empire ottoman sont en guerre, s'il y avait la moindre raison de soupçonner qu'un négociant anglais eût en vue de vendre le salpêtre aussitôt après son arrivée à Londres et que ce salpêtre serait sans retard transbordé sur un autre navire allant de Londres à Saint-Pétersbourg, le navire anglais et son chargement, dans le cours de leur traversée pour se rendre à Londres, seraient passibles de saisie par un croiseur turc, du moment que le navire aurait quitté le canal de Suez et avant qu'il fût bien hors de vue de Port-Saïd. Par contre, si une semblable chargement de salpêtre était embarqué à bord d'un navire allemand allant de Calcutta à Hambourg, il ne serait pas sujet à saisie, bien qu'il y eût fortement lieu de soupçonner qu'à son arrivée il serait sur-le-champ vendu à un négociant russe et emporté par chemin de fer à Saint-Pétersbourg. Autre éventualité : s'il survenait jamais une guerre entre la France et la Russie et que la France mît le blocus sur les ports russes de la Baltique, un chargement d'un caractère absolument innocent, tel que du sucre et du café, embarqué dans un port américain à bord d'un navire anglais à destination directe de Londres, serait passible de saisie à mi-chemin de l'Atlantique par un croiseur français sur le simple soupçon que le chargement, à son arrivée à Londres, dût être vendu à un négociant russe et ensuite transporté par mer dans quelque port bloqué de la

Baltique, parce qu'il est de notoriété que c'est par le commerce de ces parages que se fait en temps de paix l'approvisionnement de la Russie en sucre et en café.

Mais la nouvelle théorie de la continuité du voyage, dans les limites qui lui sont assignées aujourd'hui, ne s'appliquerait pas à des chargements d'une nature semblable expédiés d'Amérique dans des navires américains ou allemands à Hambourg ou à Brême, quoique les chargements mêmes fussent, à leur arrivée dans l'un ou l'autre de ces ports, destinés à être transportés par chemin de fer à Riga ou à quelque autre port de la Baltique bloqué, la nouvelle théorie de la continuité du voyage n'ayant été de nos jours appliquée qu'aux chargements qui doivent être transportés par mer (1). Cependant la destination ultérieure du chargement pour le pays ennemi aura tout autant engagé à envoyer des chargements de ce genre à Hambourg ou à Brême, qu'à les envoyer à Londres, tandis que la nécessité de couper les vivres à l'ennemi, qui est l'unique justification des entraves qu'un belligérant apporte au commerce neutre, serait aussi grande dans un cas que dans l'autre. Ce sont ces considérations, entre autres, qui m'ont amené à faire observer que la Cour suprême des États-Unis, en attribuant à la nouvelle théorie un effet *prospectif* — de tendance, de prévision, — à l'égard du transport de contrebande de guerre et des violations de blocus, s'est avancée sur une pente dangereuse, sur laquelle il sera difficile aux tribunaux de prises d'arrêter leur descente ; car bien que la Cour suprême ait essayé de poser pour les marchandises de contrebande, eu égard à leur destination ultérieure par terre, une règle différente de celle qu'elle a appliquée aux violations de blocus, le tribunal de prises d'une autre nation, en appliquant la théorie de la continuité du voyage dans son sens *prospectif*, peut ignorer la distinction que la Cour suprême a essayé d'établir entre elles, et décider que les charge-

---

(1) Supposez que l'Angleterre soit en guerre avec la Russie et que les ports russes de la Baltique soient en état de blocus effectif ; d'après la nouvelle doctrine américaine, un croiseur anglais pourrait, dans ces circonstances, saisir un navire hollandais neutre, qui porterait un chargement de sucre ou de café d'un port neutre de Cuba au port neutre de Hambourg ou de Brême, sur le *soupçon* que le chargement était destiné à être transbordé dans ce port neutre allemand et que sa destination *ultérieure* était « quelque port russe bloqué. »

ments peuvent être légitimement saisis dans l'un ou l'autre cas pendant le transit d'un port neutre à un autre, que le *terminus ad quem* (le point où il touche) intermédiaire soit un port du continent ou un port d'île, si les marchandises sont finalement destinées à l'usage de l'ennemi.

La portée que la nouvelle théorie peut avoir sur la déclaration de Paris de 1856 n'est pas sans importance pratique. On ne saurait douter que la théorie de la « continuité prospective » (1) appliquée au transport de marchandises en pleine mer n'ouvre la porte toute grande à la visite et aux perquisitions, que la déclaration de Paris a eu pour but de fermer en partie, et qu'au lieu de tendre à localiser à l'avenir les opérations de la guerre maritime, elle ne soit de nature à les étendre sur toutes les mers. Aux termes du second article de la déclaration de Paris, le pavillon neutre couvre la marchandise ennemie, excepté la contrebande de guerre. D'après le troisième article, les marchandises neutres, à l'exception de la contrebande de guerre, ne sont pas sujettes à saisie sous pavillon ennemi.

Suivant le droit des gens général, aucune marchandise n'était contrebande générale qu'à moins d'être embarquée à bord d'un navire se rendant réellement dans un port ennemi ou aux navires ennemis. D'après la nouvelle théorie, la destination d'un navire pour un port neutre ne sert plus à juger si les marchandises ne sont pas de la contrebande. Le croiseur belligérant aura, dans chaque cas, le droit de s'assurer de la destination ultérieure du chargement, après que le navire aura achevé son voyage actuel ; et par conséquent, quoique la possession du navire et du chargement par des propriétaires neutres soit hors de doute, le navire peut être envoyé dans un port pour subir une enquête judiciaire relativement à la destination ultérieure du chargement. Quant au blocus, le monde maritime est encore à attendre une interprétation judiciaire du quatrième article de la déclaration de Paris, ainsi conçu : « Les blocus, pour être obligatoires, doivent être effectifs, c'est-à-dire maintenus par une force suffisante pour interdire réellement l'accès du littoral de l'ennemi. »

---

(1). On peut se servir convenablement du terme *continuité prospective* pour distinguer la continuité d'un voyage *in posse* — possible, éventuel, — d'un voyage *in esse* — réel, en cours d'exécution.

La plupart des jurisconsultes ont pensé que le but de cet article était d'abolir les blocus sur papier, en d'autres termes les blocus établis *virtuellement* par une notification, mais non maintenus *effectivement* par des croiseurs bloquants stationnés à l'entrée du port, et de protéger ainsi un navire neutre et son chargement contre la saisie et la condamnation pour violation de blocus par interprétation, quand le port vers lequel le navire se rendait au moment de sa saisie n'est pas réellement sous blocus effectif; mais, suivant la théorie *prospective* de la continuité du voyage, tout port neutre, pour lequel peut être consigné un chargement neutre à bord d'un navire neutre, devient virtuellement un port bloqué, s'il y a des motifs de soupçonner qu'après un voyage ou plusieurs voyages successifs le chargement sera finalement consigné pour un port bloqué réellement.

« La règle ainsi établie », pour citer de nouveau le langage de l'honorable William M. Evarts, « donne aux croiseurs et aux tribunaux de prises des belligérants, à l'égard du commerce entre les ports neutres interdits, un pouvoir d'ingérence plus large et plus arbitraire qu'ils n'en possèdent relativement au commerce entre les ports neutres et les ports belligérants.

» Blocus sur papier des ports neutres,—blocus intolérable à l'égard des ports ennemis; saisie et envoi en jugement de navires qui ne peuvent se défendre ou se justifier sur des témoignages primaires, — car ces témoignages couvrent seulement le voyage actuel et innocent; condamnation *sur intention* de voyage ultérieur non commencé,—condamnation basée nécessairement sur des preuves extrinsèques ou sur aucunes; toutes ces étranges conséquences découlent de cette nouvelle théorie du droit des belligérants et de la dépendance des neutres.

» C'est en nature et en substance un agrandissement du domaine de la bonne prise de guerre sur le théâtre du commerce neutre entre des ports neutres, au moyen de la *fiction* de la continuité possible du voyage relativement au chargement, fiction qui est encore à dénommer et à régler. »

Si sur deux questions fondamentales du droit des gens, telles que la contrebande de guerre et la violation des blocus, une grande puissance est libre de faire des innovations à son gré dans l'intérêt du belligérant, de mauvais jours, je le crains, attendent les Etats faibles en tant que neutres.

Les Etats-Unis peuvent bien ne pas avoir l'intention de faire entrer la théorie *prospective* de la continuité du voyage dans leur législation générale sur les prises. Les circonstances de la rébellion du Sud étaient exceptionnelles, et il faut avoir beaucoup d'indulgence pour la Cour suprême, si ses juges ont parfois dépassé les strictes limites dans lesquelles la pratique des nations a resserré l'application de certains principes (1). Dans l'enfance de la législation moderne sur les prises, Albéric Gentilis a observé que les juges anglais puisaient une grande partie de leur jurisprudence dans leur propre sein, et qu'on ne pouvait raisonnablement compter que les Etats étrangers s'y soumissent toujours. Les annales du droit ne renferment probablement aucun cas où les jurisconsultes d'Europe et d'Amérique aient été aussi bien d'accord que dans le cas du chargement du *Springbok* pour reconnaître que le droit des belligérants a été exagéré. J'ai déjà cité l'observation du professeur Bluntschli (2) : que la nouvelle doctrine menace le commerce neutre de restrictions plus rigoureuses que celles auxquelles il était exposé sous le système condamné des blocus sur papier. Le docteur Louis Gessner (3), conseiller impérial de légation à Berlin, a déclaré être de la même opinion, et cet éminent jurisconsulte a dernièrement affirmé de nouveau sa première manière d'envisager les

---

(1) Un des membres les plus distingués de la Cour suprême, le feu juge associé Samuel Nelson, a avoué que l'esprit des juges de cette Cour étaient à leur insu influencé par des sentiments patriotiques. Dans une lettre à l'Hon. W. Beach Lawrence, datée du 4 août 1873, rendue publique depuis (Voir « Notice sur la Vie et les Œuvres de M. William Beach Lawrence, Gand, 1876, » pages 62 et 63), il dit : « La vérité est que le sentiment du pays était profond et fortement prononcé contre l'Angleterre, et les juges pris à part comme citoyens, ne faisaient pas exception et partageaient ce sentiment. D'ailleurs, la Cour à cette époque n'était pas familiarisée avec le droit en matière de blocus. » Cet aveu était fait à propos de la condamnation du *Circassian*, peu après que le premier juge Chase eût passé du département de l'Etat à la dignité de premier juge. C'est la voix prépondérante du premier juge, qui entraîna la condamnation du chargement du *Springbok* par la Cour. Des neuf juges quatre opinaient pour la relaxation.

(2) *Le droit international codifié*, Paris, 2ᵉ édition, § 835, note 5.

(3) Compte rendu juridique du cas de la barque anglaise *Springbok*, ainsi que *Kriegführende und neutrale mächte*, Carl Heymann, Berlin, 1877.

choses. L'Hon. W. Beach Lawrence (1), de Newport, Rhode Island, le docteur Heffter, de Berlin, M. Carlos Calvo, de Paris, M. Westlake, conseiller de la reine, de Londres, M. G. Rolin-Jacquemyns, de Gand, le professeur Goudsmit, de Leyde (2), ont tous déclaré être d'avis que la décision de la Cour suprême des Etats-Unis dans le cas du chargement du *Sprinbok* a dépassé les justes limites du droit des belligérants.

Comme conclusion, nous dirons que la décision de la Cour suprême des Etats-Unis dans le cas du chargement du *Sprinbok* semblerait être un pas en arrière dans la législation de la guerre, dont on augmente la rigueur contre les neutres en pleine mer, à une époque où les nations s'efforcent, d'un commun accord, d'adoucir la rigueur de cette législation contre les ennemis sur terre. Il y a, en effet, chez quelques écrivains une disposition à se figurer que l'application de la vapeur à la navigation sur mer a tellement facilité le transport de la contrebande de guerre et les violations de blocus, que les nécessités des guerres modernes autorisent les belligérants à imposer de plus grandes restrictions que précédemment au commerce des neutres; mais il est bien permis de douter que l'adoption et le développement rapide de la navigation à vapeur ait troublé l'équilibre entre le croiseur belligérant et le commerçant neutre sur la haute mer dans un sens désavantageux pour le croiseur. Au contraire, la leçon qu'a donnée au monde la suppression

---

(1) M. W. Beach Lawrence, dans sa lettre à M. Rolin-Jacquemyns, du 30 septembre 1873, dit : « Les récents jugements de notre Cour suprême ont même excédé les cas provenant « de la règle de 1756. » Dans tous les cas (jugés par les tribunaux de prises anglais) invoqués comme précédents, l'intention de violer les restrictions a été établie par le départ réel du port intermédiaire, tandis que la saisie prise aujourd'hui en considération (*Springbok*) a été opérée pendant le voyage vers le port neutre, et dans un cas où, si le voyage s'est terminé là, il ne pouvait y avoir de prétexte à commettre une illégalité.

(2) Les opinions des jurisconsultes de la Couronne, sir Robert Phillimore (avocat de la reine), sir W. Atherton (procureur général), et sir Roundell Palmer, aujourd'hui lord Selborne (soliciteur général), recueillies au nom du gouvernement anglais, et les opinions de M. Georges Mellish, conseiller de la reine (lord juge Mellish) et de M. W. Vernon Harcourt, conseiller de la reine (sir William Vernon Harcourt, membre du Parlement), recueillies au nom des propriétaires du chargement du *Springbok*, ont été publiées. Elles s'accordent à déclarer qu'il y a eu abus de justice dans la condamnation du chargement du *Springbok*.

du trafic des esclaves de l'Afrique occidentale a eu le résultat opposé ; car, après que le croiseur à vapeur eût paru dans les eaux africaines, la traite d'êtres humains pour en faire des esclaves devint peu lucrative, quoiqu'on tentât de continuer ce trafic à l'aide de navires négriers à vapeur. Il y a aussi raison de présumer que les puissances qui ont adhéré au quatrième article de la déclaration de Paris au sujet des blocus à respecter par les neutres n'aient pas été d'avis que l'introduction de la navigation à vapeur a rendu le maintien des blocus effectifs plus difficile que précédemment. Le prétexte de l'accroissement de la nécessité a un charme séduisant pour l'oreille du belligérant ; mais il est du devoir des tribunaux de prises de se tenir en garde contre de tels prétextes ; car si on les poussait à l'extrême, ils anéantiraient le commerce des neutres. Lord Stowell (1) a fait justement observer qu'il est du devoir des tribunaux appelés à statuer sur le droit des gens de « ne pas admettre que, parce qu'une nation a jugé à propos de se départir de l'usage commun du monde et d'instituer des cours de prises d'une façon nouvelle et sans précédent, ils soient pour cette raison dans la nécessité de reconnaître l'efficacité de cette procédure nouvelle, simplement parce que la théorie générale pourrait lui prêter un degré de vogue indépendant de toute la pratique suivie depuis l'histoire la plus reculée du genre humain. » Il est encore dans cette question une autre difficulté, qu'il ne faut point perdre de vue : c'est que la théorie de « la continuité du voyage », telle qu'elle a été appliquée, dans son sens *prospectif*, au chargement du *Springbok*, n'est pas seulement en désaccord avec le droit coutumier — *jus consuetudinarium* — des nations ; mais qu'elle peut sur d'autres points soulever des difficultés, sinon des conflits, entre les belligérants et les neutres. C'est l'opinion d'un grand nombre de jurisconsultes éminents que cette théorie est entièrement opposée à la déclaration de Paris, qui, en exigeant devant le port bloqué des forces suffisantes pour en empêcher l'entrée d'une façon effective, semblerait indiquer que c'est seulement dans les eaux avoisinantes que peut s'exercer convenablement la police du blocus (2).

---

(1) Le *Fladoyen*, 1 ch. Rob., p. 141.
(2) L'Hon. W. Beach Lawrence, en commentant les procédures et les décisions de la Commission mixte de 1873, censure « les empiétements com-

Quelle que soit l'interprétation exacte du quatrième article de la déclaration de Paris, et quelque effet que puissent lui donner dans la pratique les puissances qui l'ont signée, il est une chose qu'on peut affirmer, c'est que ceux qui ont rédigé cette déclaration ont eu l'intention d'*adoucir* et non d'*aggraver* les entraves imposées au commerce des neutres par le blocus des ports ennemis. La grande-Bretagne et les Etats-Unis d'Amérique s'étaient jusque là contentés d'user contre les commerçants neutres du procédé de confisquer leur propriété sur preuve de quelque *tentative* de leur part *par interprétation* de violer un blocus; il était réservé à la plus jeune de ces nations, sous l'empire de difficultés extraordinaires, d'inaugurer la doctrine de *l'intention prospective*, prêtée à un commerçant neutre, de violer un blocus, et de l'assujettir à la confiscation de sa propriété, non sur la *preuve* d'un voyage actuel du navire et du chargement, dans le cours duquel le navire et le chargement ont été interceptés, mais sur la *présomption* d'un voyage futur du chargement seul vers un port bloqué après avoir été débarqué du navire dans un port neutre. Ce sera peine perdue pour le futur historien du droit des gens de mentionner, en témoignage des adoucissements apportés dans les guerres maritimes modernes aux procédés à l'égard du commerce de l'Océan, les concessions faites, aux termes de la déclaration de Paris, en faveur de la propriété *ennemie* chargée à bord d'un navire neutre à destination d'un port neutre, si la propriété *neutre* chargée à bord du même navire doit être passible de confiscation suivant le droit géné-

---

mis sur le commerce neutre par l'application injustifiable de la législation concernant les blocus à des navires saisis au moment de leur départ d'un port neutre à destination d'un autre port neutre, quelque éloigné qu'il soit d'un port bloqué, sur le *simple soupçon* que leurs chargements, après avoir été débarqués dans un port neutre, *puissent être finalement destinés* à un port bloqué, ou mis autrement à la disposition de l'ennemi. *Cette prétention, poussée à l'extrême*, anéantirait le commerce des neutres; elle est tout à fait opposée à la doctrine de la déclaration de Paris qui, exigeant devant le port bloqué des forces suffisantes pour en empêcher l'entrée d'une manière effective, paraîtrait indiquer que *c'est seulement dans les eaux environnantes que la police du blocus peut s'exercer.* » (Extrait d'une lettre à M. G. Rolin Jaequemyns, en date du 30 septembre 1873.)

ral, sur *soupçon* de sa destination ultérieure à des usages ennemis. Si une telle anomalie, un tel conflit de lois ne répugne pas au sens commun, du moins peut-on y appliquer ce vers du satirique romain :

« *Dat veniam corvis, vexat censura columbas.* »

TRAVERS TWISS.

DERNIÈRES PUBLICATIONS

COLLECTION AMYOT, IN-18, à 3 FR. 50 LE VOLUME

Daubige (Charles). — Les Vestes Rouges	1 vol.
Tichy (Hippolyte). — Premières Poésies, Selma	1 —
Rey (Henri). — La Comtesse Hedwige, 3ᵉ édition	1 —
Bazancourt (baron de). — Les Secrets de l'Epée	1 —
Chirac (Auguste). — La Haute Banque et les Révolutions, 4ᵉ édition	1 —
Arbouville (Mᵐᵉ d'). — Une Vie heureuse. — Une Famille Hollandaise	1 —
Delaville (Camille). — Trois Criminelles	1 —
Billaudel (Ernest). — La Chambre d'Ebène	1 —
Joliet (Charles). — Carmagnol	1 —
Broughton (Miss). — Nancy, traduit de l'anglais	1 —
Delaville (Camille). — La Loi qui tue, 3ᵉ édition	1 —
Arbouville (Mᵐᵉ d'). — Marie Madeleine. — Le Médecin du Village. — Résignation	1 —
Fleury (baron de). — Le Cheval de chasse, 2ᵉ édition	1 —
Holinski (Alexandre). — L'Equateur	1 —

DIVERS

	fr. c.
Archives Diplomatiques, 16ᵉ année	50 »
Testa (baron A. de). — Recueil des traités de la Porte ottomane, tome V	12 50
Testa (baron A. de). — Recueil des Traités de la Porte ottomane, tome IV	12 50
Valfrey (Jules). — Le Traité de Francfort, 2 vol	12 »
Valfrey (Jules). — Histoire de la Diplomatie du Gouvernement de la Défense nationale, 3 vol	17 »
La Prusse et la France devant l'histoire, 2 vol	15 »
Lagrange (marquis).—Nouvelles lettres de Mᵐᵉ Swetchine, 1 v.	7 50
Gledroyc (prince R.). — Histoire du Portugal au XIXᵉ siècle	5 »

BROCHURES

Chirac (Auguste). — Le Crédit foncier de France	2 »
Salvador. — La Marine marchande et militaire	3 »
Testa (baron de). — Que doit faire la France ?	1 »
M. et C. — Que faire de la Turquie d'Europe ?	1 »
Marcus-Allart.—Le Concordat.—Napoléon et le Catholicisme.	1 »
Richaud (J.-J.). — La Déclaration de Guerre	1 »
Richaud (J.-J.). — La Mission diplomatique de M. Thiers	1 50
Houdetot. (Comte A. d'). — Types militaires français	3 »

Paris.—Typogr. de E. Brière, 257, rue Saint-Honoré.

Printed by Libri Plureos GmbH in Hamburg, Germany